CATALOGUE
D'OBJETS D'ART
ET DE HAUTE CURIOSITÉ,

TELS QUE

Bois et Ivoires sculptés, de travail gothique ; Bijoux d'or et d'argent,
Objets en matières précieuses, Tabatières, Curiosités chinoises,
Armes, Verrerie de Venise, Émaux, Miniatures, Tableaux, Manuscrits,

FAISANT PARTIE DU CABINET

DE M. DEBRUGE DUMENIL,

DONT LA VENTE AURA LIEU, PAR SUITE DE SON DÉCÈS,

en son domicile,

rue Grange - Batelière, 2,

Les Mardi 12, Mercredi 13, Jeudi 14, Vendredi 15
et Samedi 16 Mars 1839, à midi et à six heures de relevée.

EXPOSITION PUBLIQUE,

Les Dimanche 10, Lundi 11 du même mois, de midi à 4 heures.

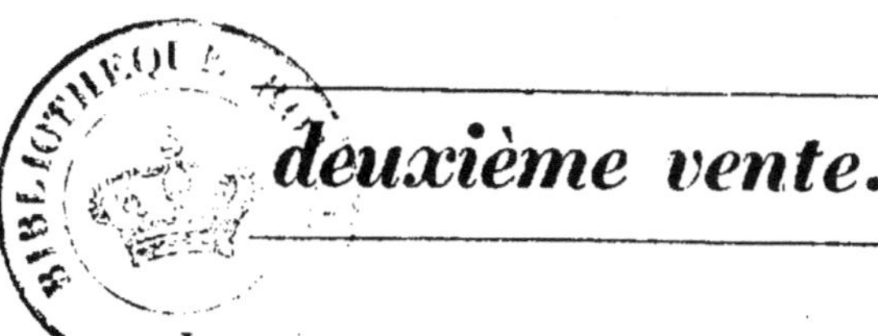

deuxième vente.

Se distribue, à Paris,

CHEZ MM. BONNEFONS DE LA VIALLE, Commissaire-Priseur,
rue de Choiseul, 11 ;

DUCROQ, Commissaire-Priseur, rue des Bons-Enfants, 28 ;

ROUSSEL, Expert, quai Malaquais, 13.

Pour les Manuscrits,

CROZET, Libraire de la Bibliothèque royale, quai Malaquais, 15.

à Londres,

TOWN et EMMANUEL, new Bond-Street, 103.

1839

"""

ORDRE DE LA VENTE.

———

Les objets seront vendus dans l'ordre numérique dans lequel ils sont catalogués, vacation par vacation.

Les Acquéreurs payeront 5 pour 100 en sus des adjudications, applicables aux frais.

PARIS. — IMPRIMERIE PANCKOUCKE, RUE DES POITEVINS, 14.

CATALOGUE

D'OBJETS D'ART

ET DE HAUTE CURIOSITÉ.

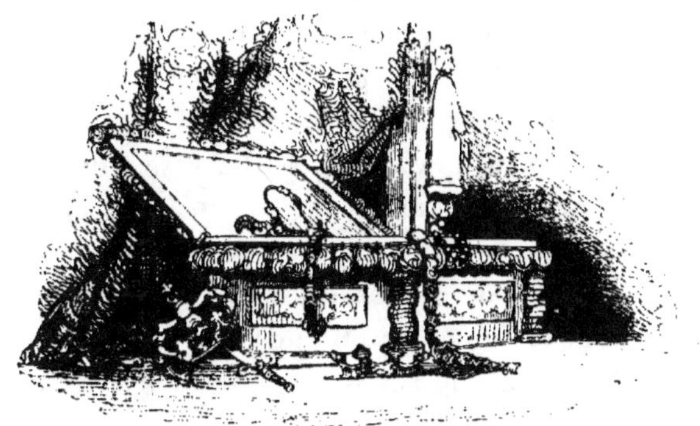

Première Vacation.

Mardi matin, 12 mars.

1 — Trois châssis avec store en vannerie chinoise,
et un lot de galeries à jour en bois d'acajou.

2 — Deux panneaux en laque de Chine, fond noir,
à dessins d'or, avec encadrements en cuivre
doré.

3 — Écran en bois sculpté garni de soie verte, et
un vieux cadre en bois sculpté.

4 — Deux chaises en bois sculpté, garnies de canne.

5 — Un parasol chinois en bambou.

6 — Chaise du temps de Louis XIII, garnie en ta-
pisserie.

7 — Grand fauteuil en bois sculpté, garni en drap
vert.

8 — Petit cabinet en bois noir, avec tiroirs ornés
de peintures sur verre imitant la mosaïque.

9 — Cabinet en bois d'ébène, dont les portes et les
tiroirs sont ornés d'incrustations en ivoire
gravé.

10 — Petit tabernacle en marbre brèche, surmonté
d'une croix en bleu turquin.

11 — Cave à deux tabacs, en marbre griotte.

12 — Petite coupe festonnée, en marbre gris.

13 — Rouge antique. — Joli petit vase à deux anses
prises dans la masse, sur piédestal en griotte.

14 — Grande table en marqueterie de bois de racine,
ornée de guirlandes sculptées.

15 — Jouet chinois mécanique : une femme à cheval.

16 — Terre de Bocaro. — Grande théière munie de
son fourneau.

17 — Bronze chinois. — Brûle-parfums, avec couvercle à jour, en bois de fer sculpté.

18 — Ivoire sculpté. — Boîte avec dessins à jour sur
fond de clinquant.

19 — Émail de Chine. — Boîte ronde à trois étages,
fond bleu semé de fleurs.

20 — Bois de santal. — Coupe garnie intérieurement
en métal, et un rocher en bambou sculpté.

21 — Argent. — Tasse et soucoupe chinoises d'un travail léger.

22 — Bronze tonkin. — Grande et belle théière, imitant un fruit ; l'anse formée par une branche
de feuillages.

23 — Coco sculpté. — Deux tasses chinoises doublées
en argent.

24 — Burgau. — Un plateau et une tasse formés de

pièces de rapport, et une cuillère en coquille
montée en argent.

25 — Écaille. — Tasse et soucoupe, plus une boussole
chinoise dans sa boîte en bambou.

26 — Argent. — Boîte ronde avec fleurs repoussées
et filigrane, sur le couvercle un émail, et à
l'intérieur un miroir.

27 — *Idem.* — Boîte avec bas-relief et ornements
repoussés.

28 — Écaille. — Deux peignes avec ornements exécutés en piqué et posé d'or, d'une grande
finesse.

29 — Corne de rhinocéros. — Coupe indienne, avec
ornements sculptés et surmontés d'une petite
figurine très-curieuse.

30 — Jade. — Beau talisman dont les caractères sont
gravés en creux et dorés; plus un iris dans
du cristal de roche.

31 — Jaspe sanguin. — Deux manches de cachets,
taille de l'Inde, et deux autres pièces en
même matière.

32 — Agate d'Allemagne. — Cinq petites coupes.

33 — Émail de Chine. — Plateau carré-long fond
blanc.

34 — Écaille. — Joli coffret, tout couvert d'ornements en piqué et posé d'or, et incrustation
de nacre de perle; à l'intérieur quatre flacons.

35 — Marqueterie. — Très-beau coffre à couvercle
cintré, marqueterie de cuivre et étain sur
fond d'ébène d'une finesse remarquable.

36 — Agate orientale. — Deux petits vases de forme
ovoïde, monture à trépied en cuivre doré.

37 — Pierre de lard. — Coupe ayant la forme d'une feuille de nénuphar.

38 — Terre de Bocaro. — Jolie théière.

39 — Fer damasquiné. — Dague, dont le fourreau en fer est orné d'arabesques très-fines, damasquiné en or et en argent, il contient deux petits couteaux.

40 — Laque du Japon. — Deux boîtes à parfums, l'une en laque usé et l'autre aventurine.

41 — Bambou sculpté. — Petit plateau imitant une feuille de nénuphar.

42 — Laque du Japon. — Boîte forme de coussin, à l'intérieur un modèle de lit japonnais, belle qualité, fond noir à dessins d'or.

43 — *Idem.* — Boîte formée par deux carrés enlacés, fond aventuriné à dessins d'or. — Et un joli petit banc en laque usé.

44 — *Idem.* — Deux boîtes : l'une ronde et l'autre ovale, fond noir à dessins d'or.

45 — *Idem.* — Deux boîtes : une carrée avec plateau à l'intérieur, belle qualité, or sur or; et l'autre de forme arrondie, même qualité.

46 — *Idem.* — Très-belle boîte à fiches, avec plateau, à l'intérieur quatre petites boîtes, laque usé d'une belle qualité.

47 — *Idem.* — Quatre petites boîtes de diverses qualités.

48 — *Idem.* — Quatre petits panneaux, fond aventuriné, avec fleurs et personnages.

49 — Argent. — Petite giberne de l'Inde très-bien ciselée.

50 — Bois. — Poire d'amorce avec incrustations ciselées.

51 — Argent. — Très-belle poignée de sabre de Rajah, ornée de têtes d'animaux chimériques, beau travail indien.

52 — Ivoire. — Poire à poudre avec bas-relief, représentant Méléagre et Atalante.

53 — Corne de cerf. — Poire à poudre avec ornements gravés ; la garniture est en argent.

54 — Jade gris. — Plaque de ceinture chinoise, très-beau travail à jour.

55 — Vernis de Martin. — Deux Magots, imitation de lq ue du Japon.

56 — Fer ciselé. — Dague dite de Miséricorde ; travail du xvie siècle.

57 — Argent. — Petit yatagan ; le fourreau en argent repoussé et la poignée niellée.

58 — Fer. — Deux poignards avec garniture ornée d'incrustations d'argent.

59 - *Idem.* — Petit fusil du temps de Louis XV ; la batterie est très-bien ciselée.

60 — *Idem.* — Pistolet à rouet, la batterie est gravée.

61 — *Idem.* — Pistolet très-curieux ; il est à deux batteries et à trois canons divergents. La monture en bois et ivoire.

62 — *Idem.* — Couteau de chasse dont la poignée en en cuivre doré est formée par un groupe d'animaux : la lame a des ornements gravés et dorés.

63 — *Idem.* — Pistolet à rouet, dont la monture est entièrement couverte d'incrustations en ivoire et nacre de perle gravés.

64 — Corne. — Cornet de chasse garni en ivoire sculpté.

65 — Fer. — Pistolet à rouet du temps de Louis XIII; monture en bois avec incrustations en fer gravé.

66 — *Idem.* — Trois pièces. — Une petite hache d'armes dont la poignée est en argent. — Une baguette de pistolet renfermant une dague. — Un sabre formé de la défense du poisson scie.

67 — *Idem.* — Deux poignards orientaux : l'un a la poignée et le fourreau en ivoire; l'autre, en damas noir, a la poignée en caillou d'Égypte et le fourreau garni en argent.

68 — *Idem.* — Deux poignards : un en damas noir, avec poignée et fourreau en dent d'hippopotame ; l'autre en ivoire.

69 — *Idem.* — Baguette du pistolet albanais, en cuivre et ivoire, et une très-belle lame de poignard cannelée et découpée à jour.

70 — Argent. — Giberne turque avec ornements repoussés et ciselés, enrichie d'ornements en corail.

71 — *Idem.* — Deux autres gibernes turques, dont une avec broderie en argent sur velours, l'autre en cuir.

72 — Marqueterie d'ivoire de l'Inde. — Joli nécessaire à ouvrage de dame, d'un travail remarquable.

73 — Écaille. — Très-belle poire à poudre du temps de Louis XIV; elle est couverte de riches

incrustations en or et nacre de perle du plus bel effet. La monture en or est très-forte.

74 — *Idem.* — Sac à plomb en velours vert brodé d'argent, le fermoir en écaille avec incrustations d'or et nacre de perle très-riches. La garniture en or.

75 — Bois d'ébène. — Cabinet garni de tiroirs et de portes ornées de peintures à l'huile, sujets mythologiques.

76 — Bronze. — Vase avec arabesques gravées de style oriental ; plus un bol en bronze du même travail.

77 — *Idem.* — Vase à eau bénite avec mascarons en relief.

78 — *Idem.* — Bassin gothique avec ornements repoussés et inscription allemande.

79 — Bois sculpté. — Coffre en ébène, orné de bas-reliefs. Mosaïque en bois de couleur.

80 — Bronze. — Jeune enfant pleurant son oiseau, sur fût de colonne cannelée.

81 — Laque du Japon. — Très-beau coffre fond noir avec paysages et kiosques dessinés en or faisant relief. A l'intérieur un tiroir.

82 — Pierre de Tonnerre. — Voltaire en pied, jolie petite statue.

83 — Marqueterie. — Pendule en marqueterie d'étain sur écaille, ornée de quatre colonnes torses en ivoire avec cuivres dorés.

84 — Ivoire sculpté. — Grand coffre gothique avec ornements en cuivre doré ; il provient du trésor de l'abbaye de Prume, pays de Trèves.

85 — Corail. — Coffre à couvercle cintré, en cuivre

doré, avec incrustations en corail et ornements émaillés en blanc.

86 — Coquille gravée. — Vase curieux formé par un nautile gravé ; la monture, en cuivre doré, est d'un travail très-soigné.

87 — Cuivre doré. — **Coffre orné de bas-reliefs et d'écussons armoiriés. Il provient du cabinet de M. le baron Gros.**

88 — Grès de Flandre. — Cruche très-curieuse, émaillée en bleu ; elle a la forme d'une couronne ; au centre est un buste de femme ; le couvercle en étain.

89 — Bois sculpté. — Jolie boîte en forme de livre, dessins à jour d'une grande délicatesse ; travail du XVIe siècle.

90 — Cuivre doré. — Cabinet en bois doré, orné d'un grand nombre de bas-reliefs en cuivre doré et repoussés.

91 — Bois d'acajou. — **Deux grandes étagères avec dessus en marbre blanc.**

92 — Peinture russe sur bois de cèdre : le Jugement dernier, tableau curieux, avec cadre en bois d'ébène.

Deuxième Vacation.

Mardi soir, 12 mars.

93 — Deux fûts de colonne en porcelaine blanche.

94 — Porcelaine. — Trois pièces : une théière en porcelaine de Saxe, à dessins chinois, et deux petits objets en porcelaine de Chine.

95 — *Idem.* — Trois pièces en ancien blanc de Chine.

96 — *Idem.* — Deux fromagers à dessins à jour, porcelaine de Sèvres.

97 — *Idem.* — Cinq pièces : trois petits plateaux forme de feuilles et deux branches de fleurs de pêcher : porcelaine de Chine.

98 — *Idem.* — Neuf petits socles en porcelaine de Saxe.

99 — *Idem.* — Quatre plateaux en porcelaine de Saxe et une veilleuse en porcelaine de Chine montée en bronze doré.

100 — *Idem.* — Dix pièces, dont deux coquetiers en porcelaine de Sèvres.

101 — *Idem.* — Quatre pièces, dont un petit trépied et une écritoire forme de lampe antique.

102 — *Idem.* — Six pièces, dont deux salières, un socle en porcelaine de Sèvres, bleu de roi, etc., etc.

103 — *Idem.* — Trois vases de formes variées, en porcelaine de Saxe.

104 — *Idem.* — Un moutardier, porcelaine de Saxe, garni en argent.

105 — *Idem.* — Petit pot au lait, porcelaine de Chine, fond rouge.

106 — Pierre de lard rouge. — Deux tasses et leurs soucoupes, avec ornements gravés et dorés.

107 — Terre de Bocaro. — Deux théières chinoises, l'une rouge et l'autre jaune.

108 — *Idem.* — Une théière chinoise avec gravures.

109 — *Idem.* — Deux théières chinoises, l'une forme gourde, et l'autre de forme aplatie.

110 — Pierre de lard. — Vase chinois à brûler des
parfums; travaillé à jour.

111 — Porcelaine de Saxe. — Mercure en repos, figure
de moyenne dimension.

112 — *Idem.* — Deux figures chinoises.

113 — *Idem.* — Deux autres figures chinoises.

114 — *Idem.* — Trois pièces : deux Chinois accroupis,
et une théière chinoise en forme de fruit.

115 — *Idem.* — Cinq pièces : une Chimère en céladon de la Chine, un Magot et trois fruits.

116 — *Idem.* — Cinq pièces : deux Poussas, ancien
blanc de Chine; deux Chimères et une petite
coupe.

117 — Ivoire sculpté. — Deux figurines : une représentant l'Hiver, l'autre une Religieuse faisant
l'aumône. Femme chinoise tenant son enfant, nacre de perle, et deux cages en
acajou.

118 — Pierre de lard rose. — Deux figures de femmes
chinoises.

119 — Malachite. — Deux colonnes garnies en bronze
doré.

120 — Albâtre oriental. — Deux vases avec anses évi-
dées et prises dans la masse.

121 — Jayet. — Un saint pèlerin de Saint-Jacques;
travail très-ancien.

122 — Pierre de lard rouge. — Deux coupes avec
anses prises dans la masse, et fleurs sculptées
en relief; plus deux plateaux ornés de gravures.

123 — Bois pétrifié. — Coupe à couvercle monté en
cuivre doré.

124 — Pierre de lard rouge. — Écritoire et pou-
drière sculptées, gravées et dorées.

125 — Agate d'Allemagne. — Joli petit vase monté
en argent doré.

126 — *Idem.* — Coupe montée en argent doré.

127 — Jade vert. — Pitong de forme cylindrique.

128 — Pierre de lard verdâtre mouchetée de rouge.
— Chinois assis sur un cerf; près de lui une
tortue et une cigogne.

129 — Écaille. — Deux petites boîtes rondes du
xvi⁰ siècle, à dessins champlevés, émaillées
dans les fonds.

130 — Pierre de lard rouge, marbrée de blanc. —
Deux boîtes, forme de papillon, les ailes
déployées.

131 — Porcelaine. — Vase à fleurs, porcelaine du
Japon très-bien décorée.

132 — *Idem.* — Deux vases : un avec dragon en relief, en ancien blanc de Chine, et l'autre
d'un beau bleu uni.

133 — *Idem.* — Tabatière en porcelaine de Saxe,
montée en cuivre doré, avec écusson armoirié.

134 — Émail sur cuivre. — Grande boîte faisant
écritoire : elle est ornée de paysages et montée en cuivre doré.

135 — *Idem.* — Deux boîtes carrées avec ornements
dorés : l'une est montée en argent, et l'autre
en cuivre.

136 — Porcelaine de Saxe. — Deux boîtes carrées :
l'une à dessins camaïeux verts, et l'autre à
bouquets de roses, montées en argent.

137 — Terre de Bocaro. — Jolie théière à dessins émaillés, en couleurs variées.

138 — Porcelaine de Saxe. — Grande boîte à dessins camaïeux verts, montée en argent.

139 — *Idem.* — Pytong ou cornet en craquelé fleuri, belle qualité; et deux petites bouteilles.

140 — *Idem.* — Deux petites aiguières chinoises, avec couvercle en argent.

141 — *Idem.* — Quatre pièces dont un petit sceau en céladon bleu garni en argent, et un magot, céladon bleu, etc.

142 — Écaille de Chine. — Grande et belle boîte ronde, écaille transparente de la plus belle qualité.

143 — Vernis de Martin. — Joli petit nécessaire garni en cuivre doré.

144 — Terre cuite. — Bouteille chinoise très-curieuse, décorée de feuillages et fruits en relief, qui paraissent être moulés sur nature.

145 — Verre. — Six gobelets entrant les uns dans les autres, verre de Bohème belle qualité; ils sont ornés d'un filet doré.

146 — Terre cuite. — Buste de femme colorié, costume du temps de Henri II.

147 — Bronze florentin. — Très-beau masque d'enfant; ouvrage du xvie siècle.

148 — Jouet chinois. — Une barque mécanique avec personnages.

149 — Ivoire et bois. — Deux groupes de mendiants italiens, composés l'un de six figures et l'autre de cinq.

150 — *Idem.* — Jeu d'échecs, ivoire blanc et vert, dans une boîte en acajou.

151 — Porcelaine. — Un gros Poussa en porcelaine blanche, et un Chinois en terre émaillée.

152 — Bois sculpté. — Enfant endormi sur un coussin; travail ancien.

153 — *Idem.* — Petit coffret en bois doré orné de bas-reliefs et arabesques en pâte moulée.

Troisième Vacation.

Mercredi matin, 13 mars.

154 — Argent. — Trois petites pièces dont deux décorations.

155 — *Idem.* — Deux pièces : un cachet et une petite boîte en filigrane; sur le couvercle, le valet de trèfle émaillé.

156 — *Idem.* — Deux pièces : petite boîte ayant sur le couvercle un bas-relief émaillé : sainte Madeleine; et un médaillon avec peinture sur aventurine de Venise : la Fuite en Égypte.

157 — Or. — Deux médaillons en filigrane, ornés de diamants tables.

158 — Argent doré et émaillé. — Décoration de l'ordre du Saint-Esprit.

159 — *Idem.* — Médaillon repoussé, représentant Antoine, duc de Lorraine et de Bar.

160 — Or émaillé. — Petit médaillon offrant un portrait d'homme et celui de la Vierge.

161 — Coulé d'or sur écaille. — Petit nécessaire du temps de Louis XV.

162 — Or émaillé. — Petite croix enrichie de diamants tables.

163 — Or. — Étui ciselé faisant cachet, avec armoiries gravées en creux.

164 — Agate orientale. — Porte-crayon et porte-plume; monture rocaille en or, du temps de Louis XV, très-soignée.

165 — Lapis de Venise. — Souvenir monté en or.

166 — Argent. — Petit livre en filigrane, renfermant douze petits sujets militaires, par Bazin.

167 — Lapis lazuli. — Collier antique, formé de grains de lapis alternés de tubes en or et de plaques ornées de turquoises.

168 — Or. — Chaîne en or du Mexique.

169 — Écaille. — Très-beau souvenir avec ornements en piqué et posé d'or; à l'intérieur, des tablettes en ivoire.

170 — Jaspe sanguin de la plus belle qualité. — Tête de Christ vue de profil, appliquée sur fond de jaspe vert, dans un cadre en argent doré orné de perles fines; au bas, une petite tête de mort en or émaillé.

171 — Or émaillé. — Jolie paire de boucles d'oreilles.

172 — *Idem.* — Petite croix avec instruments de la Passion.

173 — *Idem.* — Petit médaillon, orné de deux portraits, et renfermant quatre jetons en or émaillé.

174 — Platine. — Bague formée par un serpent.

175 — Or émaillé. — Jolie bague du XVIe siècle.

176 — *Idem.* — Autre bague de la même époque, avec caractères hébraïques.

177 — Or. — Une paire de boucles d'oreilles antiques, d'un très-beau travail.

178 — *Idem.* — Chaîne de montre, ornée de vingt-

quatre petites agates arborisées en rouge,
matière orientale de la plus belle qualité.

179 — Or émaillé. — Sévigné en filigrane, ornée de
grenats.

180 — Argent. — Sévigné, ornée de perles et grenats.

181 — *Idem.* — Montre à secondes de Tavernier de
Londres : elle est garnie d'un cercle en or.

182 — *Idem.* — Montre d'Isaac Rogers de Londres :
elle est dans sa double boîte en argent avec
avec étui en écaille.

183 — Or. — Clef de montre mécanique, marquant
les quantièmes et les phases de la lune.

184 — Argent. — Montre à réveil, de Comminge.

185 — *Idem.* Montre anglaise à répétition et quantième, de Bramley.

186 — *Idem.* — Montre à double boîte, de Storr.

187 — *Idem.* — Montre à réveil, et double boîte ciselée, de travail ancien.

188 — *Idem.* Montre à quantième avec boussole.

189 — *Idem.* Montre à répétition.

190 — *Idem.* Montre avec cercle en or, de Breguet
fils.

191 — Or émaillé. — Montre à répétition de Breguet.

192 — Boîte à musique jouant deux airs : la Neige et
une valse.

193 — Argent. — Grand et beau coffre en filigrane,
d'un très-beau travail, pesant quatre marcs
quatre onces.

194 — *Idem.* — Deux médaillons à portraits en filigrane.

195 — Argent. — Une boîte ronde en filigrane.

196 — *Idem.* — Petit coffret à couvercle cintré, orné de fleurs et d'oiseaux découpés à jour, joli travail ancien.

197 — *Idem.* — Un cadre reliquaire en filigrane, remarquable par la délicatesse du travail.

198 — *Idem.* — Cuillère et fourchette de travail ancien, et un médaillon doré, orné de deux sujets de piété en bas-relief.

199 — *Idem.* — Quatre petits objets, dont une bague avec médaillon, représentant saint François, et plusieurs petits médaillons.

200 — *Idem.* — Bracelet en filigrane de Chine.

201 — Émail. — Deux tasses et leurs soucoupes, représentant des combats de cavalerie, du temps de Louis XIV ; garnies en argent doré.

202 — Argent. — Deux médaillons chinois destinés à renfermer des pastilles ; ils sont en filigrane doré, d'une grande délicatesse de travail.

203 — *Idem.* — Deux porte-tasses indiens en filigrane.

204 — *Idem.* — Panier à anses très-élevées, filigrane de l'Inde, imitant la vannerie.

205 — *Idem.* — Gobelet allemand, doré.

206 — *Idem.* — Joli petit panier, filigrane très-fin, imitant la vannerie.

207 — *Idem.* — Deux coquetiers en filigrane, avec double fond en vermeil.

208 — *Idem.* — Poignée de poignard malais, formé par une tête d'animal chimérique, travail au repoussé.

209 — Argent. — Chaîne du XVIᵉ siècle, ornée de personnages en relief.

210 — *Idem.* — Christ doré sur croix rustique et socle en cuivre doré.

211 — *Idem.* — Croix de l'ordre de Malte; les rayons sont en cristal et les ornements en filigrane d'argent doré, enrichis d'émeraudes.

212 — *Idem.* — Grande médaille : le Serment des trois Suisses; elle est suspendue à une chaîne en argent.

213 — *Idem.* — Panier fermant par un cadenas en argent; il est en filigrane imitant la vannerie.

214 — *Idem.* — Flacon avec bas-reliefs repoussés, représentant l'Été et le Printemps.

215 — *Idem.* — Joli bas-relief repoussé : le Christ portant sa croix.

216 — *Idem.* — Trois objets : deux médailles et un bas-relief repoussé; sujet de bataille.

217 — *Idem.* — Deux bas-reliefs repoussés, sujets flamands.

218 — *Idem.* — Bas-relief ovale, repoussé : Enfants jouant avec un mouton.

219 — *Idem.* — Médaillon ovale, repoussé, représentant au centre une forteresse, et au pourtour huit médaillons armoiriés.

220 — *Idem.* — Bénitier, décoré d'ornements repoussés.

221 — *Idem.* — Grand bas-relief repoussé, sujet de l'assemblée de la Vierge et des Apôtres.

222 — *Idem.* — Bas-relief repoussé : Sainte faisant des aumônes; cadre en bois sculpté.

223 — Argent. — Cinq petits bas-reliefs repoussés :
les quatre Évangélistes et l'Adoration des
Mages, sur une croix en bois d'ébène.

224 — *Idem.* — Joli bas-relief en forte saillie : le
Triomphe de Bacchus enfant.

225 — *Idem.* — Bas-relief ovale : sujet de Pê-
cheurs.

226 — *Idem.* — Espèce de petit lustre en filigrane.

227 — *Idem.* — Deux cuillères anciennes, ornées de
figures.

228 — *Idem.* — Croix en filigrane avec ouverture à
charnière.

229 — *Idem.* — Joli médaillon : la Vierge et l'Enfant Jésus avec entourage d'émeraudes, grenats, opales et agates orientales.

230 — *Idem.* — Petit coffret avec ornements découpés à jour.

231 — Bois sculpté. — Dyptique rond, travail grec
très-fin, représentant des sujets de la Passion.
Il est dans une boîte en argent gravé.

232 — Argent. — Petit nécessaire en forme de livre,
avec ornements repoussés.

233 — Or. — Petit médaillon carré en filigrane,
avec peinture (*Ecce homo*), enrichi de
perles fines.

234 — Argent. — Sévigné, ornée de perles et d'émeraudes.

235 — *Idem.* — Étui, forme de poisson.

Quatrième Vacation.

Mercredi soir, 13 mars.

236 - Marbre. — Huit socles en diverses matières, dont un fût de colonne en porphyre oriental.

237 - *Idem*. — Deux presse-papiers en forme de livre, et deux socles en marbre.

238 - Agate mousseuse. — Quatre coupes de formes variées.

239 - Albâtre orientale. — Un lacrymatoire antique.

240 - Cristal de roche. — Deux pièces, une boule de lustre et un Christ gravé en creux sur un gros bloc taillé en cabochon.

241 - Agate et bois pétrifié. — Trois petites coupes ou cuvettes de formes variées.

242 - Marbres divers. — Dix petites colonnes, dont cinq en albâtre oriental.

243 - Jade vert. — Une coupe sur piédouche en cuivre doré. — Un cachet en malachite et un balustre en agate.

244 - Marbres divers. — Un presse-papiers en rouge antique. — Une salière en porphyre de Suède, et trois autres pièces.

245 - Jaspe. — Tabatière ovale avec incrustation de mosaïque et une petite coupe.

246 - Agate mousseuse. — Deux coupes dont une en agate noire.

247 - *Idem*. — Deux coupes : une d'elles montée en filigrane d'argent, et l'autre sur trépied en cuivre doré.

248 — Agate mousseuse. — Une cuvette à deux compartiments. — Une tabatière en forme de
soulier, en caillou de Rennes, et une petite
coupe en jaspe de Sicile.

249 — Cristal de roche. — Un vase gravé, sur pied
en cuivre, et cinq autres pièces en même
matière.

250 — *Idem.* — Vase composé de diverses pièces su-
perposées.

251 — *Idem.*—Trois petits vases avec ornements gravés.

252 — *Idem.* — Plusieurs pièces, dont trois jolis
balustres.

253 — *Idem.* — Neuf petits socles très-bien taillés.

254 — *Idem.* — Quatre *dito.*

255 — *Idem.* — Fût de colonne avec ornements
de granit.

256 — *Idem.*—Quatre pièces de lustre et un socle,
d'une belle qualité de cristal.

257 — Silex. — Grande coupe forme coquille.

258 — Ivoire. — Plaque avec sujets chinois, sculptés
des deux côtés.

259 — *Idem.* — Corbeille travaillée à jour, faite
d'un seul morceau d'ivoire.

260 — *Idem.* — Bas-relief gothique, représentant le
départ pour la chasse au faucon.

261 — Émail grisaille : Satyre et boucs.

262 — Ivoire. — Boîte ovale sculptée, travail flamand.

263 — *Idem.* — Trois pièces, dont une boîte figu-
rant une corbeille de fruits.

264 — Bois sculpté. — Couteau et fourchette, dont
les manches sont formés par de petites figurines, homme et femme.

265 — Bois sculpté. — Cuillère enrichie de figures et de bas-reliefs d'un travail délicat, dans un étui en bois sculpté.

266 — Ivoire sculpté. — Boîte ronde avec bas-relief, sur le couvercle, représentant l'Adoration des Mages.

267 — Bois sculpté. — Deux petites têtes, dont celle du Christ.

268 — Ivoire. — Tête de femme voilée et une tête d'homme casquée.

269 — *Idem.* — Deux pièces sculptées, dont un bas-relief représentant un Saint et deux Anges.

270 — *Idem.* — Petit vase découpé à jour, ouvrage de tour.

271 — *Idem.* — Vase sculpté avec ornement en bronze doré, et deux fûts de colonnes en nacre de perle.

272 — *Idem.* — Une poire d'amorce montée en argent, et un sifflet formé d'une défense de sanglier avec bas-relief très-fin, garni en argent.

273 — *Idem.* — Buste d'homme sur fût de colonne.

274 — *Idem.* — Bas-relief flamand, scène de cabaret, et une boîte ronde formée d'une corbeille de fruits.

275 — Ivoire et bois. — Femme assise tenant un vase et une coupe.

276 — Bois sculpté. — Petite figurine en costume du temps de Henri II. — Christ en croix.

277 — Ivoire. — Fragment de poire à poudre avec

bas-relief, sujet de la Création, travail du
xvie siècle, et une poignée de couteau de
chasse à tête de chien.

178 — Ivoire. — Poire d'amorce formée par un
groupe d'animaux.

279 — *Idem.* — Petite statue d'Orphée entourée d'a-
nimaux, et une pomme de canne-béquille,
avec enfant.

280 — *Idem.* — Petit poignard miséricorde, fourreau
en ivoire, et poignée formé d'un groupe de
figures : la Charité.

281 — *Idem.* — Coffret orné de bas-relief.

282 — Bois sculpté. — Deux râpes à tabac, dont une
avec bas-relief, sujet de sainteté.

283 — *Idem.* — Petit enfant colorié, dans une cage
montée en bois.

284 — *Idem.* — La Vierge et l'Enfant Jésus.

285 — Ivoire. — Petit coffre garni en argent.

286 — *Idem.* — Coffre garni en cuivre doré.

287 — Corne. — Pipe chinoise sculptée et garnie en
argent, et une autre pipe à deux tabacs,
en bois.

288 — Ivoire sculpté. — Petit éléphant portant deux
personnages indiens, et une poivrière avec
berger et bergère.

289 — Bois sculpté. — Boîte ayant la forme d'un soulier, la charnière en or.

290 — *Idem.* — Joli casse-noisettes formé par une figurine de mendiant.

291 — *Idem.* — Espèce de poire à poudre, avec sculp-
ture en relief, travail indien.

292 — Ivoire sculpté. — Poignée de couteau de chasse formée par un groupe d'animaux.

293 — Coco sculpté. — Deux poivriers ornés de bas-reliefs.

294 — Ivoire. — Figurine de sauvage, et un Chinois en bois de santal.

295 — *Idem.* — Deux objets : un sifflet surmonté d'une petite figurine grotesque; poivrière avec dauphin et enfants.

296 — *Idem.* — Trois pièces dont un buste de madame de Sévigné.

297 — *Idem.* — Trois pièces, dont deux petites boîtes de forme cylindrique, avec feuillages et fleurs très-délicatement sculptés : l'une d'elles renferme des jetons.

298 — Cuivre. — Plaque de bénitier, repoussée et dorée; une coquille gravée de Jérusalem, et une tête de vieille femme, en bois sculpté.

299 — Ivoire. — Deux petits panneaux, incrustations gravées sur fond d'ébène, et un calendrier ancien, sur glace étamée.

300 — Plomb. — Un bas-relief représentant les Forges de Vulcain, et deux bois de racine très-curieux.

301 — Thermomètre dans un cadre en bois doré, et une autre pièce.

Cinquième Vacation.

Jeudi matin, 14 mars.

302 — Ivoire. — Deux spadassins espagnols, sur pieds en ébène.

3o3 — Ivoire. — Jupiter lançant la foudre : petite figurine d'une finesse remarquable, et une tête
de mort.

3o4 — Cristal de roche. — Coupe avec ornements
gravés en creux, monture en argent doré
et émaillé; elle est fracturée.

3o5 — *Idem.* — Un obélisque dont le cristal est d'une
limpidité parfaite.

3o6 — Ivoire. — Petite figurine : Homme nu mettant
son bas.

3o7 — Cristal de roche. — Deux flambeaux formés de
pièces d'enfilages.

3o8 — Ivoire. — Le divin Pasteur, entouré de feuillages : au-dessus le Père éternel.

3o9 — Cristal de roche. — Belle coupe à godrons,
montée en argent doré.

31o — *Idem.* — Petit gobelet à couvercle, d'une très-
belle qualité de cristal et très-bien taillé.

311 — Ivoire. — Groupe de deux figures, berger et
bergère.

312 — Cristal de roche. — Grande coupe ovale à godrons, monture en argent doré; elle est
fracturée.

313 — Ivoire. — Petite figurine: Amour debout, sur
piédestal en ébène et ivoire.

314 — Cristal de roche. — Grande coupe à côtes,
avec piédestal en argent doré.

315 — *Idem.* — Deux flambeaux formés de pièces
d'enfilages.

316 — Ivoire. — Jolie statuette: la Vierge et l'Enfant
Jésus, exécutés d'après la statue de Déjar-
dins qui est à Saint-Thomas-d'Aquin.

317 — Cristal de roche.— Coupe à godrons et gravée, sur pied élevé en même matière.

318 — *Idem.* — Grand coffret formé de six plaques, ornées d'arabesques gravées en creux, d'une belle exécution ; la monture est en cuivre doré.

319 — *Idem.* — Bonbonnière montée en or, dont le cristal est rose.

320 — Émail. — Tabatière carré-long, ornée de guirlandes de fleurs, monture à cage en argent.

321 — Vernis de Martin. — Bonbonnière ronde à guirlandes de fleurs sur fond d'or ; garniture en plaqué d'or.

322 — *Idem.* — Boîte ornée de médaillons à sujets champêtres, avec cercles en argent.

323 — *Idem.* — Boîte forme d'œuf, fond noir et burgau ; charnière en plaqué d'or.

324 — Porcelaine de Saxe. — Boîte carrée ornée de paysages ; à l'intérieur un portrait ; garniture en plaqué d'or.

325 — Vernis de Martin. — Deux tabatières, dont une avec bouquet de fleurs.

326 — *Idem.* — Tabatière ronde, vernis noir ; sur le couvercle, un fixé représentant une émeute devant la prison du Châtelet.

327 — *Idem.* — Boîte ronde avec sujet d'après Boucher ; garniture en or.

328 — *Idem.* — Petite boîte avec incrustations d'or et argent sur fond rouge ; charnière en or.

329 — Écaille. — Belle boîte ronde avec portrait de femme.

330 — Écaille. — Boîte ronde avec portrait de madame Tallien ; cercle en or.

331 — Lapis lazulli. — Tabatière de forme baroque ; montée en argent doré.

332 — Cristal de roche. — Tabatière ovale montée en or émaillé.

333 — *Idem.* — Bonbonnière ovale montée en or.

334 — Agate orientale. — Petite boîte carrée ; monture à cage, en or.

335 — *Idem.* — Boîte de forme baroque ; montée en or.

336 — Vernis de Martin. — Petit étui garni en cuivre doré.

337 — Agate veinée de blanc. — Jolie petite lorgnette, monture en or, du temps de Louis XV.

338 — Ivoire. — Boîte à cure-dents garnie en or ; sur le couvercle, un émail grisaille avec entourage en perles.

339 — Bois sculpté. — Très-belle gaîne ornée de vingt-sept petits bas-reliefs représentant divers sujets de la Passion. Elle contient deux couteaux dont les manches sculptés sont aussi décorés de bas-reliefs.

340 — Ivoire sculpté. — Trois pièces : couteau, fourchette et poinçon, avec manches formés par de petites figures.

341 — *Idem.* — Couteau et fourchette dont les manches sont formés par des figurines d'enfant, dans une gaîne en ivoire sculpté.

342 — Bois sculpté. — Deux fourchettes avec manches formés par des groupes d'enfants.

343 — Ivoire. — Couteau, fourchette et cuillère ; les

manches formés par des groupes d'animaux
combattants.

344 — Corail. — Espèce de sceptre formé d'une grande
branche de corail sculpté; très-belle qualité.

345 — Fer doré et ciselé. — Petit nécessaire du
xvie siècle dans son étui du temps.

346 — Bois sculpté. — Couteau; le manche représente Judith tenant la tête d'Holopherne. —
Un fuseau en bois sculpté.

347 — Fer plaqué d'argent. — Une paire de ciseaux
indiens avec ornements ciselés.

348 — Argent. — Cuillère et fourchette à charnière,
avec manches en fer damasquiné d'or et
d'argent.

349 — Bois sculpté. — Jolie gaîne de couteau, ornée
d'un grand nombre de petits bas-reliefs représentant divers sujets de la Passion, — et
une paire de ciseaux du xvie siècle, en fer
gravé et doré.

350 — Fer ciselé et incrusté d'argent et de cuivre. —
Instrument indien à couper le bétel.

351 — Bronze tonkin. — Trois couteaux chinois avec
ornements en relief et dorés sur les manches,
et incrustations sur les lames.

352 — Agate orientale. — Belle cuillère chinoise,
dont la matière mamelonnée est de la plus
belle qualité; le manche en laque burgauté
est monté en or.

353 — Bois sculpté. — Cuillère du xvie siècle, représentant, d'un côté le Christ et de l'autre,
plusieurs enfants groupés. Très-joli travail.

354 — Argent. — Cinq petites pièces de nécessaire,

dont une paire de ciseaux ; les manches sont ornés de petites figurines très-délicatement ciselées. Ouvrage du XVIe siècle.

355 — Ivoire. — Manche de couteau formé d'un groupe de figures : Mars, Vénus et l'Amour.

356 — Corail. — Deux pièces très-bien sculptées : l'une, la Madeleine et le Christ mourant ; l'autre, la Vierge, l'Enfant Jésus et saint Jean.

357 — Bambou sculpté. — Étui avec sujets de chasse, monté en argent.

358 — Ambre sculpté. — Sphinx faisant pomme de canne.

359 — Corail sculpté. — Très-beau manche de couteau.

360 — Ambre. — Pomme de canne bec-de-corbin.

361 — *Idem*. — Flacon orné d'un bas-relief, représentant l'Abondance et la Force ; et une bourse en émail de Limoges garnie en soie.

362 — Ébène. — Petit dyptique, orné de deux peintures sur verre, très-fines, représentant l'une l'Adoration des Mages, et l'autre l'Adoration des Bergers.

363 — Corail sculpté. — Deux pièces ; un manche de couteau et une pomme de canne formée de deux figures : Vénus et l'Amour.

364 — Ivoire sculpté. — Poire d'amorce, avec bas-relief représentant Orphée et les animaux.

365 — Jade. — Bout de pipe avec ornements champlevés, et deux autres pièces en ivoire.

366 — Fer damasquiné. — Petite boîte forme de livre, d'un travail très-fin de damasquine.

367 — Ivoire. — Vénus Indienne, très-petite figurine d'un travail remarquable.

368 — *Idem*. — Cuillère, le manche formé par un enfant tenant une guirlande de fleurs.

369 — Fer ciselé. — Un tire-bouchon du temps de Louis XV, et une gaîne de couteau avec incrustations d'argent.

370 — Ivoire sculpté. — Deux manches de couteaux formés par des groupes de figures.

371 — *Idem*. — Deux cuillères, les manches sont ornés de figures.

372 — Fer. — Cuillère et fourchette avec appliques en argent et incrustations de nacre de perle.

373 — Argent. — Cuillère et fourchette, les manches en filigrane.

374 — Bois sculpté. — Croix ornée de dix-huit petits bas-reliefs, sujets de la Passion, avec inscriptions indiquant le sujet. Travail remarquable.

375 — Fer ciselé. — Couteau doré avec manche en nacre de perle. Poignard de jarretière à l'usage des dames espagnoles : la lame est à dessins à jour, — et un canif monté en argent orné d'une figure d'Ange.

376 — Argent. — Canif dont le manche émaillé est orné de grenats.

377 — *Idem*. — Deux petites têtes de Satyres, argent doré.

378 — Fer damasquiné d'or. — Équerre ployante à charnière, dont les dessins sont de la plus grande délicatesse ; travail du xvie siècle.

379 — Corne. — Poire d'amorce, garnie en argent.

380 — Ivoire sculpté. — Manche de crice malais ; animal chimérique.

381 — Cristal de roche. — Coupe ovale avec ornements gravés en creux et anses en argent.

382 — Cuivre. — Beau bas-relief rond représentant la Fuite en Égypte.

383 — Jaspe fleuri. — Manche de couteau, et un morceau de jaspe rouge, très-belle qualité.

384 — Ivoire sculpté. — Petit mortier, travail de l'Inde d'une belle exécution.

385 — Bois sculpté. — Vierge et Enfant Jésus, petite statue sur socle en ivoire vert orné de moulures en argent.

386 — Ivoire sculpté. — Quatre petits médaillons, d'un beau travail, représentant divers personnages. Ils sont placés dans des cadres en cuivre doré.

387 — Agate. — Sept belles plaques de couleurs variées.

388 — Serpentine verte. — Presse-papiers, formé par une grenouille très-bien sculptée, remarquable par la matière qui imite parfaitement la robe de l'animal, sur plinthe en jaune de Sienne.

Sixième Vacation.

Jeudi soir, 14 mars.

389 — Verre de Venise. — Un vase blanc et pied bleu avec couvercle à filets blancs. Petit bocal à filets blancs, et un gobelet à tubercules.

390 — Verre de Venise. — Flacon, verre ovale moucheté de bleu.

391 — *Idem.* — Bouteille, forme coquille, à filigrane blanc.

392 — *Idem.* — Deux pistolets en verre blanc.

393 — *Idem.* — Deux pièces : gobelet en verre sardoine, et un petit vase lapis de Venise moucheté d'aventurine.

394 — *Idem.* — Verre très-léger, blanc, forme lampe.

395 — *Idem.* — Autre verre blanc, forme de botte.

396 — *Idem.* — Verre à pied et couvercle, avec sujet de chasse au cerf, gravé en creux et doré.

397 — *Idem.* — Verre à patte, de forme évasée, très-léger.

398. — *Idem.* — Autre verre du même genre, orné de deux petites anses.

399 — *Idem.* — Joli verre à filets blancs, avec écusson émaillé en couleur, et date de 1623.

400 — *Idem.* — Deux carafes, dont le col tordu est formé de plusieurs tubes ; l'ouverture est garnie de filets d'émail vert et blanc.

401 — *Idem.* — Deux verres à patte, de formes élégantes : l'un est festonné, et l'autre carré avec anses.

402 — *Idem.* — Deux pièces : un flambeau et une bouteille, verre blanc.

403 — *Idem.* — Coupe à côtes à pied élevé ; verre blanc.

404 — Gris jaune émaillé. — Petite cruche, ornée d'un bas-relief : danse flamande.

405 — *Idem* bleu. — Petit pot à bière avec paysage en relief, couvercle en étain.

406 — Gris bleu. — Bidon à trois anses et deux becs, bel émail bleu.

407 — *Idem.* — Deux cruches : l'une blanche avec mascarons têtes de lion, couvercle en étain ; l'autre grise avec dessins émaillés en bleu.

408 — Faïence de Faenza. — Quatre assiettes dont une est festonnée.

409 — *Idem.* — Trois plats représentant divers sujets de sainteté.

410 — Gris émaillé. — Joli pot à bière avec couvercle en étain.

411 — Verre. — Deux pièces : flacon à côtes vèrre bleu, et un autre doré.

412 — *Idem.* — Pot à eau en verre blanc émaillé en couleur, avec couvercle en étain.

413 — Faïence de Faenza. — Quatre assiettes ornées de paysages.

414 — *Idem.* — Compotier festonné avec paysage.

415 — Verre. — Deux flacons en verre violet moiré de blanc, les bouchons en étain.

416 — *Idem.* — Petit verre à patte avec tubercules, verre blanc.

417 — *Idem.* — Autre verre à patte en verre blanc.

418 — Faïence de Faenza. — Deux assiettes avec sujets.

419 — *Idem.* — Quatre petites assiettes, deux avec paysages et deux avec sujets mythologiques.

420 — Émail de Limoges. — Deux fragments avec peintures grisailles teintées, représentant Adam et Ève et la mort d'Abel.

421 — Faïence de Faenza. — Grand plat rond orné de

médaillons représentant des sujets de la Passion.

422 — Émail de Limoges. — Deux ronds d'assiettes avec sujets grisailles teintées : la Moisson et un repas.

423 — Verre bleu. — Très-belle aiguière avec des restes d'ornements dorés au vernis.

424 — Faïence de Faenza avec peinture : Vénus, mère des Amours.

425 — *Idem.* — Deux plats avec sujets religieux.

426 — Grès de Flandre. — Deux théières émaillées en bleu.

427 — *Idem.* — Petite cruche bleue, couvercle en étain, et une petite aiguière en faïence.

428 — *Idem.* — Grande cruche avec ornements émaillés en bleu.

429 — *Idem.*—Jolie petite cruche émaillée de couleurs variées, sur le devant un portrait, couvercle en étain.

430 — Faïence brune. — Bouteille de forme aplatie avec ornements en relief et dorés.

431 — Grès de Flandre. — Jolie cruche avec ornements en relief émaillés en bleu, couvercle en étain.

432 — *Idem.* — Deux petites cruches, l'une avec couvercle en argent et l'autre en étain.

433 — *Idem.* — Très-jolie cruche avec ornements en relief émaillés en bleu, couvercle en étain.

434 — *Idem.* — Pot à bière émaillé en couleurs, couvercle en étain.

435 — *Idem.* — Pot à tabac bouché en étain.

436 — *Idem.* — Pot à bière, gris brun émaillé en

couleur : sur le devant un portrait ; couvercle en étain avec personnage à cheval.

437 — Grès de Flandre. — Pot à bière gris avec rosaces émaillées de bleu et de blanc, couvercle en étain.

438 — Faïence de Faenza. — Grand plat avec sujet : le Cheval de Troie.

439 — *Idem.* — Grand plat avec sujet : Salomon et la reine de Saba.

440 — *Idem.* — Autre grand plat à côtes : Coriolan.

441 — *Idem.* — Petite salière : au milieu une tête d'ange, et date de 1572.

442 — *Idem.* — Deux plats représentant : l'un, la Conversion de Saint Paul, et l'autre, une Chasse au sanglier.

443 — *Idem.* — Grand plat très-riche d'arabesques dessus et dessous avec sujet : César refusant la couronne.

444 — *Idem.* — Plateau orné d'arabesques.

445 — *Idem.* — Très-grand plat avec sujet tiré de l'Écriture sainte ; il est dans un cadre en bois doré.

446 — *Idem.* — Figurine : la Vierge et l'Enfant Jésus.

447 — Bois sculpté et doré. — Groupe de quatre figures : la Naissance du Christ.

448 — Verre. — Cinq peintures sur verre fond or, dans des cadres en bois d'acajou.

449 — Agate. — Environ trente plaques d'agate polies enchâssées de manière à être vues par transparence dans un cadre noir.

Septième Vacation.

Vendredi matin, 15 mars.

450 — Verre de Venise. — Petit verre blanc émaillé en couleur avec écusson armoirié et date de 1677.

451 — *Idem.* — Grand verre blanc allemand dont le pied est formé par des serpents enlacés.

452 — *Idem.* — Jolie coupe à filets blancs.

453 — *Idem.* — Deux verres à pied élevés avec ornements en verre de couleur.

454 — *Idem.* — Deux verres : un, de forme bizarre avec deux petites anses et bordure bleue ; l'autre est à deux anses avec anneaux mobiles en verre bleu.

455 — *Idem.* — Verre à patte, forme très-élevée, à filets blancs.

456 — *Idem.* — Grand vidercome à rubans bleus et blancs avec mascarons dorés. Ce verre est fracturé.

457 — *Idem.* — Grande coupe de forme élégante, à filigrane blanc disposé en spirale.

458 — *Idem.* — Vase curieux, avec ailes et tête de poisson.

459 — Grès brun. — Pot à tabac avec ornements en relief.

460 — Verre blanc. — Pot à eau, avec bordure émaillée en couleur sur fond doré ; l'ouverture est de forme hexagone.

461 — Émail grisaille de Limoges. — Deux portraits : saint Matthieu et saint Simon ; cadres en bois doré.

462 — Émail grisaille de Limoges. — Grisaille teintée
de vert : la Folie ; cadre noir.

463 — *Idem.* — Grisaille rehaussée d'or : le Christ au
roseau, avec monogramme M. D ; cadre en
bois doré.

464 — *Idem.* — Quatre grands émaux coloriés, représentant des sujets de la Passion. Les cadres en bois noir.

465 — Verre. — Deux gobelets : un de forme com-
primée à filigrane blanc et rose; l'autre bleu
lapis.

466 — *Idem.* — Verre de forme cylindrique, à couvercle; il est orné de mascarons, de filets
blancs et gravés.

467 — *Idem.* — Deux jolies petites burettes à filets
jaunes et ornements verts.

468 — *Idem.* — Vidercome de forme cylindrique à
filigrane blanc.

469 — *Idem.* — Grande coupe émaillée, avec dessins
en relief.

470 — *Idem.* — Pot à une anse, à filigrane blanc.

471 — *Idem.* — Vase de forme cylindrique, avec couvercle à filets blancs et mascarons.

472 — *Idem.* — Verre à pied, de forme évasée à filets blancs entrecroisés.

473 — Tapisseries. — Deux belles tapisseries des Go-
belins, sujet genre Boucher.

474 — Émail grisaille de Limoges. — Deux médaillons ronds avec cadres en argent, représentant : l'un Néron et Annibal, et l'autre Ves-
pasien et Titus.

475 — Verre de Venise. — Deux pièces : petite coupe

à deux anses gravées ; petit vase avec ornements en verre de couleur.

476 — Émail colorié de Limoges. — Quatre plaques :
Dieux de la fable, avec cadres en bois doré.

477 — Verre émaillé. — Grand vidercome allemand,
avec les aigles impériales émaillées en couleur.

478 — *Idem*. — Grand verre à couvercle, forme calice, avec belle bordure émaillée en couleur.

479 — Émail colorié de Limoges. — Beau vase avec
sujets mythologiques.

480 — Verre de Venise. — Verre à pied de forme
évasée, à filets blancs émaillés.

481 — Ivoire sculpté. — Grande boîte ronde, dont
le tour est orné de bas-reliefs à sujets mythologiques ; sur le couvercle, Persée et Andro-
mède.

482 — Verre de Venise. — Grande coupe avec ornements émaillés et dorés.

483 — Émail grisaille teinté de Limoges. — Très-beau
couvercle de coupe, sur lequel est représenté
le triomphe de Diane ; au revers, des enfants
tenant des instruments de musique.

484 — *Idem*. — Autre couvercle de coupe, orné de
masques scéniques ; au revers, des Centau-
res et des Naïades.

485 — Verre de Venise. — Grande et belle coupe sur
pied élevé, avec ornements émaillés en couleurs, sur fond doré.

486 — Ivoire sculpté. — Quatre petites figurines : les
Saisons sur socle, en bois d'ébène.

487 — Verre de Venise. — Beau bassin à filigrane blanc, disposé en spirale.

488 — Émail byzantin. — Crosse d'évêque, avec figure d'Ange au centre. Dragon et lézard en relief, en cuivre doré; elle est d'un très-bel effet.

489 — Émail de Limoges. — Deux médaillons ronds, représentant des cavaliers.

490 — Verre de Venise. — Seau avec anses mobiles; verre blanc à filigrane jaune et blanc.

491 — Émail de Limoges. — Coffret orné de cinq plaques à sujets coloriés; monture en bois doré.

492 — Ivoire sculpté. — Socle avec bas-relief, représentant le Triomphe de Cérès; il est surmonté d'une petite statue de Junon en ivoire.

493 — Verre de Venise. — Verre à pied, forme calice à filigrane blanc.

494 — *Idem.* — Jolie coupe à filets blancs entrecroisés.

495 — *Idem.* — Petite burette à couvercle et deux anses, à filigrane blanc très-fin.

496 — Émail grisaille de Limoges. — Coupe ronde à deux anses avec dessins en relief; au milieu l'Enfant Jésus.

497 — Verre de Venise. — Joli verre à pied, de forme évasée, à filigrane blanc.

498 — *Idem.* — Grand plateau à pied, à filigrane blanc.

499 — *Idem.* — Grand vase en verre blanc opaque orné de rosaces de couleur; imitation des verres antiques.

500 — Ivoire sculpté. — Sept bas-reliefs composés chacun d'un grand nombre de figures de

haut-relief, représentant des sujets de la Passion. Cet ensemble mérite de fixer l'attention. Un étui contient le tout.

501 — Verre de Venise. — Gobelet et plateau à filigrane blanc.

502 — *Idem.* — Deux petits vases à pied à filigrane blanc d'une grande finesse.

503 — Émail coloré de Limoges. — La Vierge et l'Enfant Jésus dans un cadre sculpté.

504 — *Idem* grisaille. — Le Christ et sainte Madeleine, bel émail dans un cadre sculpté et doré.

505 — Verre de Venise. — Plateau à filigrane blanc; belle qualité.

506 — Émail de Limoges. — Quatre médaillons ovales représentant les Saisons.

507 — Verre de Venise. — Beau gobelet à filigrane blanc.

508 — Émail de Limoges. — Médaillon ovale avec peinture grisaille sur fond bleu, représentant saint Luc, avec entourage colorié et écusson à fleurs de lis, signé Laudin, et date de 1666.

509 — Verre de Venise. — Verre à sorbet à filigrane blanc.

510 — *Idem.* — Deux jolies petites burettes, verre blanc avec dessins en relief, ornées de filets bleus.

511 — Ivoire. — Joli coffret hexagone orné de bas-reliefs et d'incrustations sur fond d'ébène : l'intérieur est garni en soie bleue.

512 — Émail de Limoges. — Deux tableaux : saint

François et le Christ martyrisé ; cadres en bois noir.

513 — Verre de Venise. — Coupe à filets blancs entrecroisés ; belle qualité.

514 — *Idem*. — Coupe à pied élevé, au milieu une boule en verre craquelé ornée d'émaux bleu-turquoise.

515 — *Idem*. — Verre à patte, forme évasée, à filigrane blanc.

516 — Émail colorié de Limoges. — Deux médaillons ronds : la belle Hélène et une tête de guerrier.

517 — *Idem*. — Deux petits médaillons : Jésus crucifié et l'Adoration des Mages.

518 — Argent. — Petit oratoire en ébène orné de neuf bas-reliefs représentant des sujets de la vie du Christ, et de treize petites statues en argent. Cet objet précieux est renfermé dans une boîte en marqueterie dont les portes sont enrichies intérieurement de neuf miniatures très-fines représentant des sujets tirés de l'histoire sainte, et d'appliques en argent.

519 — Verre de Venise. — Verre à pate d'une très-belle forme, décoré d'arabesques émaillées en blanc.

520 — Émail grisaille. — La Vierge et l'Enfant Jésus, cadre en bois doré.

521 — *Idem*. — Jésus au Jardin des Olives, bel émail colorié, et une Descente de croix.

522 — Verre. — Belle coupe à filets blancs entrecroisés.

523 — Verre. — Beau bassin avec ornements gravés à la pointe imitant la dentelle ; côtes émaillées en blanc et mascarons en relief.

524 — Émail coloré de Limoges. — Plaque ovale : saint Georges terrassant le dragon ; surapplique en filigrane d'argent.

525 — Verre. — Pot à bière émaillé, couvercle en étain.

526 — Ivoire sculpté. — Mortier avec ornement en relief, travail de l'Inde.

527 — Émail de Limoges. — Deux pièces : sainte Catherine, et une paix en cuivre avec émail, représentant l'Annonciation.

528 — Verre de Venise. — Un flacon forme de soufflet, verre blanc à filigrane blanc.

529 — Émail de Limoges. — Petite coupe, grisaille à deux anses avec portrait de saint Bernard, au revers, un paysage.

530 — *Idem.* — Deux plaques carrées représentant sainte Catherine et sainte Élisabeth ; cadres en bois noir.

531 — *Idem.* — Médaillon ovale avec portrait, d'un M. Commartin, par Nouailher.

532 — Marqueterie de cuivre sur écaille. — Petit coffret.

533 — Émail. — Deux plaques carrées : saint Joseph dans son atelier, et une grisaille rosée avec sujet allégorique.

534 — *Idem.* — Deux médaillons ovales : la Vierge et l'Enfant Jésus ; Diane au bain ; cadres en bois noir.

535 — Fer gravé et doré. — Joli coffret à couvercle

cintré entièrement couvert d'arabesques gravées, avec fermeture à secret.

Huitième Vacation

Vendredi soir, 15 mars.

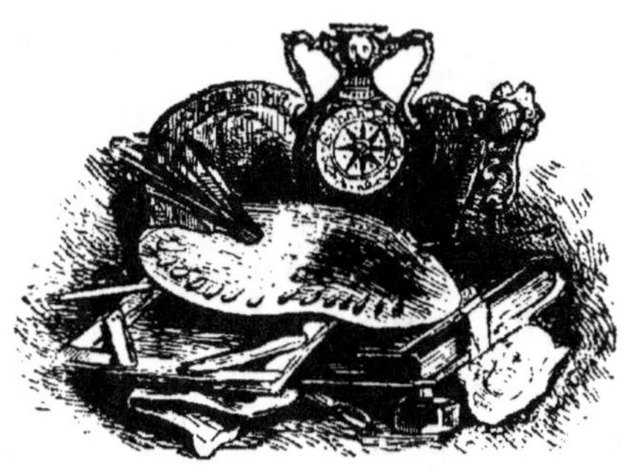

TABLEAUX ET MINIATURES.

536 — Quatre peintures sur verre : sujets de la Sainte Famille, et deux paysages.

537 — Deux médaillons ronds : le portrait de Gabrielle Ségur; revue du grand Frédéric, peinte sur nacre de perle.

538 — Deux fixés, genre Blaremberg, dans des cadres en bois noir, et un portrait de madame de Lavallière, sur vélin.

539 — Deux miniatures sur vélin : portraits de jeunes femmes, par Cuft.

540 — Deux portraits sur vélin : l'acteur Michu et mademoiselle Georges, peints en 1806.

541 — Trois portraits : un schah de Perse sur vélin;

la Priseuse, médaillon ovale peint sur ivoire, et une tête de sainte peinte sur cuivre; cadres en bois doré.

542 — Deux portraits de femmes, cadres en cuivre.

543 — Deux jolis portraits : madame Camille Desmoulins, et madame Dubarry; cadres en cuivre doré.

544 — Deux miniatures, portraits de femmes; cadres dorés.

545 — Deux portraits de femmes, miniatures, dans des cadres noirs.

546 — Deux portraits miniatures : un portrait d'homme et un portrait de femme en cheveux et fleurs; date de 1792.

547 — Trois miniatures : deux portraits de femmes, dont une en costume du temps de Louis XV, peinte sur ivoire; et une Madeleine d'après le Guide, par Remazzi, dans un cadre en bois sculpté.

548 — Trois miniatures. — Jeune fille peinte sur ivoire par Fragonard, cadre en cuivre doré; Tête d'enfant, par le même, petit ovale; Portraits de Maupertuis, mort en 1759.

549 — Deux miniatures. — Portrait de femme du siècle de Louis XIV, cadre en cuivre doré; Portrait de Brossette, commentateur de Boileau : cadre noir.

550 — Deux autres.— Un portrait de femme du temps de Louis XV, cadre en cuivre; la femme à la cage, par Klinsgtell, cadre en cuivre doré.

551 — Trois portraits. — Femmes du temps de

Louis XV et de Louis XVI; cadres en cuivre doré.

552 — Six portraits d'hommes et de femmes, encadrés.

553 — Deux miniatures. — Jeune femme en extase; le portrait de Voltaire, jeune, en habit brodé; cadre en cuivre doré.

554 — Deux portraits. — Le duc de Chablais, frère de Victor-Amédée, roi de Sardaigne; la princesse de Kirkina.

555 — Deux *dito*. — Paris Duvernay, cadre doré; Charles de Roye de la Rochefoucault, comte de Blenzac, 1699.

556 — Quatre portraits d'hommes et femmes, avec cadre en cuivre.

557 — Deux portraits de femmes avec cadres en cuivre doré.

558 — Deux *dito*. — Femmes en costume du temps de Louis XVI.

559 — Deux portraits de femmes peints à l'huile.

560 — Deux miniatures. — Le portrait de Santeuil, genre de Klinsgtell, cadre en cuivre doré; portrait d'homme, du temps de Louis XIV.

561 — Deux miniatures. — Le Christ et la Vierge, sur cuivre.

562 — Deux miniatures. — Madame Denis, nièce de Voltaire; une tête d'enfant, cadres en bois doré.

563 — Deux *dito*. — Portrait de femme du temps de Louis XV, cadre en cuivre doré; portrait d'une femme âgée, costume du temps de Louis XV, cadre en cuivre doré.

564 — Deux *dito*. — Portaits de femmes; cadres en bois noir.

565 — Petite peinture à l'huile, esquisse par Lou-
kerbourg; et un fixé par Sweback : vue de la
place du Carrousel.

566 — Deux miniatures. — Femme au bain, sur ivoire;
Cléopâtre, par Pinel.

567 — Deux miniatures, dont une par Klinsgtell.

568 — Deux portraits miniatures, dont celui du ma-
réchal de Villeroy, cadre en bois sculpté et
doré.

569 — Douze petits dessins par Bazin : sujets militaires, dans des cadres en cuivre sur fond
d'ébène.

570 — Les portraits de Voltaire, à l'âge de quatre-
vingts ans, et de madame Denis, par mademoiselle Corneille, dans le même cadre.

571 — Jolie gouache. — Madame de Montespan et
madame de Lavallière se promenant dans un
parc.

572 — Miniature. — Portrait d'homme hollandais;
cadre rond en bois doré.

573 — Petit tableau. — Scène flamande; peinture à
l'huile par Michaud.

574 — Vénus sortant du bain, d'après Rosalba.

575 — Quatre petits cadres en bois sculpté et doré,
dont trois renferment des portraits peints
sur émail.

576 — Deux fixés, paysages, cadres en bois noir.

577 — Deux petits tableaux. — Vue du monastère
Lorenzo et Lescurial, par Canella. — Deux
chats, par un peintre anglais.

578 — Peinture sur émail. — Sainte Famille d'après

Raphaël. — Une dame à sa toilette, intérieur du temps de Louis XIV, peinture sur vélin.

579 — Deux portraits miniatures, dont un sur vélin d'après Lawrence.

580 — Jolie miniature à l'encre de Chine sur vélin : sainte Cécile jouant de l'orgue ; cadre en bois doré.

581 — Gouache, paysage avec château et parc, entourage de fleurs ; cadre en bois sculpté.

582 — Deux gouaches, sujets historiques ; cadres dorés.

583 — Seize petits médaillons, costumes du temps de Louis XVI, par Hall.

584 — Joli petit tableau : Sainte Famille, par C. Polimbourg.

585 — La Décollation de saint Jean, joli petit tableau attribué à Lucas de Leyde ; cadre doré.

586 — Jésus couronné d'épines, peinture sur cuivre par Franck.

587 — Deux petits tableaux peints sur cuivre : un portrait et une madone, cadre en écaille.

588 — Portrait d'un grand de Pologne peint sur bois.

589 — Grande miniature sur vélin : Sainte Famille d'après Raphaël ; cadre incrusté d'écaille et d'ivoire.

590 — Un saint Évêque peint sur cuivre.

591 — Sainte Marie et sainte Élisabeth, cadre en bois doré.

592 — Petit tableau par Fragonard, sujet mythologique.

593 — Deux tableaux peints sur cuivre, dont un représente le Christ au tombeau.

594 — L'Adoration des Mages, par Franck; cadre riche
en bois sculpté et doré.

595 — La Flagellation du Christ, par le même.

596 — Grande gouache, par Bouchon : Fête de Saint-
Cloud en 1761.

597 — Danaë et Érigone, deux tableaux peints sur
cuivre; cadre en bois doré.

598 — Pastel. — Tête de jeune fille, par Boucher.

599 — Tableau sur toile : Apollon et Daphné, par Bon
Boulogne.

Neuvième Vacation.

Samedi matin, 16 mars.

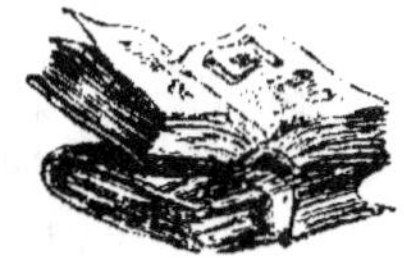

MANUSCRITS ANCIENS,

A VIGNETTES ET MINIATURES.

1 — Biblia sacra; très-pet. in-8, v. br., tr. d.

Joli manuscrit du XIIIe siècle sur un vélin très-fin; on y trouve
environ 50 petites miniatures servant d'initiales.

2 — Biblia sacra latina, cum interpretationibus; gr.
in-fol., v. mar., tr. d.

Précieux manuscrit du XIIIe siècle sur vélin, composé de 311
feuillets ou 622 pages, dont chacune contient sur deux colonnes
huit versets de la Bible, et sur deux autres colonnes, huit dessins de 2 pouces 3 lignes carré; ce qui porte à 4,968 le nombre
total de ces dessins exécutés avec autant d'esprit que de soin.

Le volume finit par ce verset de l'Apocalypse : *Et misit serpens
ex ore suo*, etc, et les six derniers feuillets paraissent avoir été

enlevés; on a aussi coupé les marges de six autres feuillets, mais sans porter atteinte au texte ni aux dessins.

Cet important et curieux article provient de la vente des livres de M. le comte J. Bignon.

3 — Heures latines avec calendrier; pet. in-8, rel. en chagrin, tr. d.

Manuscrits du xve siècle avec des bordures, et 32 miniatures de diverses grandeurs, dont plusieurs sont d'une fine exécution.

4 — Heures latines avec calendrier; in-4, mar. r., tr. d., avec un *L* couronné sur les plats.

Beau manuscrit du xve siècle, orné de bordures, et de 18 miniatures dont 12 grandes.

5 — Heures latines (de la croix du Saint-Esprit, de Nostre-Dame, etc.) avec calendrier; pet. in-4, mar. noir, fermoirs.

Très-beau manuscrit du xve siècle sur vélin, composé de 181 feuillets; il est orné de 5 grandes miniatures et de 27 petites, ces dernières réunies sur quatre feuillets. Plusieurs marges sont aussi ornées de fleurs, de fruits, d'insectes et d'oiseaux, le tout bien exécuté et d'une parfaite conservation.

6 — Heures latines avec calendrier; in-4, rel. en bois couvert de chagrin, tr. d. et cis., avec compartiments de clous dorés.

Précieux manuscrit du xve siècle sur vélin, composé de 189 feuillets et enrichi de 18 grandes miniatures, et de 26 plus petites pour le calendrier. Toutes les pages sont ornées de bordures qui représentent des fleurs, des oiseaux, des insectes et des sujets grotesques.

7 — Horæ de sancta Cruce, etc; in-8, rel. en bois, tr. d.

Manuscrit sur vélin du xve siècle, orné de 8 grandes et de 18 petites miniatures; le tout très-bien conservé.

8 — Heures manuscrites sur vélin; in-8, mar. r., fil., tr. d.

Du xve siècle, avec 7 miniatures et quelques bordures.

9 — Officium B. M. Virginis cum calendario; pet. in-8, mar. viol. dent., tr. d.

Manuscrit du xiii au xive siècle, orné de 30 miniatures de diverses grandeurs; on y trouve des bordures d'un genre assez rare.

10 — Officium B. M. Virginis; très-pet. in-8; mar. noir.

Joli manuscrit du xve siècle, orné de 11 miniatures.

11 — Officium B. M. Virginis; in-16, vél., tr. d.

Manuscrit de la fin du xve siècle, orné de quelques entourages et de 11 petites miniatures.

12 — Officium gloriosæ Virginis; pet. in-8, bas. dent.

Joli manuscrit du xvie siècle, exécuté en Italie. Plusieurs feuillets sont ornés d'initiales et de bordures.

13 — Officium Virginis Mariæ; in-16, vél., tr. d.

Manuscrit du xvie siècle, sur vélin, orné de 3 petites miniatures.

14 — Horæ B. M. Virginis; in-8, parchemin, avec fermoirs.

Manuscrit du xve siècle, sur vélin, orné de 7 miniatures et de bordures à chaque page.

15 — Horæ Virginis secundum usum Rothomagense; in-8, non relié.

Manuscrit sur vélin, de la fin du xve siècle; il est orné de bordures, d'une grande miniature, et de 24 petites pour le calendrier.

16 — Horæ B. M. Virginis cum calendario; in-8, mar. r. dent., tr. d., dos et plats fleurdelisés.

Très-beau manuscrit sur vélin, de la fin du xve siècle. Il est orné de belles bordures variées, et de 53 miniatures, dont 13 grandes et 40 petites, celles du calendrier comprises. Le tout d'une grande fraîcheur.

17 — Horæ B. M. Virginis cum calendario ; in-12, mar. vert, tr. d.

Manuscrit du commencement du xvi° siècle, orné de 33 miniatures grandes et petites, d'une très-jolie exécution.

18 — Prières à la Vierge ; in-4 de vingt-neuf feuillets, mar. ol. à comp., tr. d.

Manuscrit du xv° siècle, sur vélin, orné d'une miniature et de bordures à chaque page.

19 — Preces piæ cum calendario ; in-4, velours viol., tr. d., avec fermoirs.

Manuscrit du xiv au xv° siècle, avec 12 miniatures.

20 — Preces piæ ; in-4, rel. en bois, tr. d. et cis., avec fermoirs.

Beau manuscrit du commencement du xv° siècle, sur vélin ; il est orné d'arabesques, d'initiales, et de 22 miniatures d'une grande finesse d'exécution.

21 — Preces piæ cum calendario ; in-12, velours viol., tr. d. et gaufr.

Joli manuscrit du xv° siècle, sur vélin et orné de 19 miniatures, la plupart d'une exécution remarquable.

22 — Preces piæ ; pet. in-8 avec fermoirs, rel. en bas., tr. d. et cis.

Manuscrit du xv° siècle, sur vélin, exécuté en Italie ; il est orné de plusieurs bordures et de 28 jolies petites miniatures.

23 — Preces piæ cum calendario ; in-12, velours r., tr. d., reliure curieuse.

Très-joli manuscrit, sur vélin, de la fin du xv° siècle, et dans le goût italien. Il est orné de 19 grandes miniatures et de nombreuses bordures.

24 — Preces piæ ; in-8, rel. en bois.

Manuscrit, sur vélin, du xv° siècle.

25 — Preces piæ ; in-16, cart.

Manuscrit du xv° siècle, sur vélin.

26 — Breviarium; petit in-4 épais, rel. en bois recou-
vert de peau rouge fleurdelisée, avec ferm.

Manuscrit du x° siècle, orné de 6 miniatures, dont une an-
cienne gravure sur bois, coloriée.

27 — Incipit breviarium ecclesiæ Claromontanæ; gros
in-8; v. br.

Manuscrit, sur vélin, daté de 1477 et orné de quelques bordures.

28 — Ordo ministrandi sacramenta; in-8, mar. r. à
comp. de petits fers, tr. d.

Manuscrit du xvii° siècle, composé de 40 feuillets. La reliure,
du célèbre Le Gascon, est fort belle et bien conservée.

29 — Rituale ordinis de mercede; in-4, lav. réglé,
mar. r. à comp., tr. d.

Joli manuscrit du xvii° siècle, sur vélin, composé de 45
feuillets d'une écriture très-soignée imitant l'impression : le titre
est entouré d'une guirlande, et des armoiries décorent le dernier
feuillet.

30 — Ordo ad usum episcopi Noviomensis, quando
officium peragit in sua cathedrali ecclesia;
in-fol., mar. r. large dent., tr. d. (aux armes
du cardinal de Broglie.)

Manuscrit du xviii° siècle, sur vélin, fort bien écrit, et orné de
jolies vignettes et de fleurons, sur l'un desquels on lit : *Taizy
scripsit et delineavit.*

31 — Prières composées par Louise-Adélaïde (mademoiselle de Chartres, morte abbesse de
Chelles en 1743); in-16, mar. n., fil., dos
fleurdelisé.

Manuscrit du siècle dernier.

32 — Prières en flamand; mar. vert dent., tr. d.

Manuscrit du xv° siècle, orné de belles initiales et de bordures

33 — Livre de prières, en latin et flamand; gros in-16,
rel. en peau de truie, avec fermoir.

Manuscrit du xv⁴ siècle, sur vélin.

34 — Elogia funebria magnorum magistrorum, etc.,
nec non illustrium tum commendatorum,
tum equitum sacri Hierosolymitani ordinis
S. Joannis e majori ejusdem ordinis, con-
ventuali Basilicâ deprompta; *Melitæ*, 1764;
in-fol., v. br., tr. d.

Manuscrit composé de 390 feuillets qui représentent les monu-
ments ou tombeaux des commandeurs et chevaliers de l'ordre, en-
terrés à Malte.

Ce recueil curieux, et dont les dessins sont bien exécutés, est
dédié au grand maître Emm. Pinto, par P.-Ant. de Vignier, che-
valier.

LIVRES ANCIENS IMPRIMÉS.

1 — La sainte Bible, trad. par Legros; *Cologne*,
1739; in-12, mar. noir, dent. à froid, tr. d.
Bel exemplaire.

2 — Nouveau Testament, en latin et en français, de
la trad. de Louvain; *Paris*, 1647; in-12,
mar. n., tr. d., fermoirs (fleurs de lis et croix
du Saint-Esprit sur les plats).

3 — Bible trad. en allemand, par Luther; *Lunebourg*,
1682; gros in-8, fig., relié en chagrin, avec
fermoirs.

4 — Heures de Romme; *Paris, Pigouchet*, 1500;
in-8, fig. et encad. sur bois, vél.

Imprimé sur vélin; la fin manque.

5 — Heures de Rome; *Paris, Jeh. Pychore*, 1503; gr. in-8, fig. et encad. sur bois, v. br., tr. d.

6 — Heures à l'usage de Laon; *Paris, Symon Vostre*, 1515; in-8, fig. col. et encad. sur bois, mar. v. dent.

On a joint plusieurs miniatures au commencement et à la fin du volume.

7 — Horæ divæ Virginis sec. usum Romanum; *Parisiis, Kerver*, 1515; in-8, fig. et encad. sur bois, vélin.

Imprimé sur vélin; joli volume bien conservé.

8 — Heures à l'usaige de Romme; *Paris, G. Hardouyn*, 1522; in-8, mar. r. à comp., tr. d.

Imprimé sur vélin, avec 15 miniatures.

9 — Heures dédiées au Roy; *Paris*, 1680; in-18, chagrin noir, tr. d., avec fermoirs. — Livre de prières (en allemand); in-16, fig., velours r., avec un joli fermoir.

10 — Recueil de petits livres de dévotion (en allemand); *Lunebourg*, 1656; deux part. en un vol. in-16, rel. en velours viol., tr. d. et cis., avec fermoirs et ornements en argent.

11 — Livre de prières (en allemand); in-8, v., tr. d.

Texte gravé et jolies vignettes et ornements divers.

12 — Office de la Semaine sainte; 1731; in-8, fig., mar. r. à comp. — De Imitatione Christi; *Antuerpiæ*, 1626; in-12, mar. vert.

13 — Trois volumes in-18, dont : Leonis Africæ descriptio; *Elzev.*, 1632; — Justiniani Institutiones; *Elzev.*, 1664.

14 — Recueil d'emblèmes (en allemand); *Leipsig*, 1709; gros in-8, fig., mar. n., tr. d.

15 — Le Roman de la Rose, édition gothique du
        XVIᵉ siècle ; in-fol., fig. sur bois, mar. r.
16 — Volume grand in-4, à dos et coins de v. bleu,
        contenant treize gravures anciennes de la
        Passion de J.-C., soigneusement coloriées.
17 — Prières de la messe à la Consécration, écrites
        sur vélin et décorées d'une miniature et de
        riches broderies.

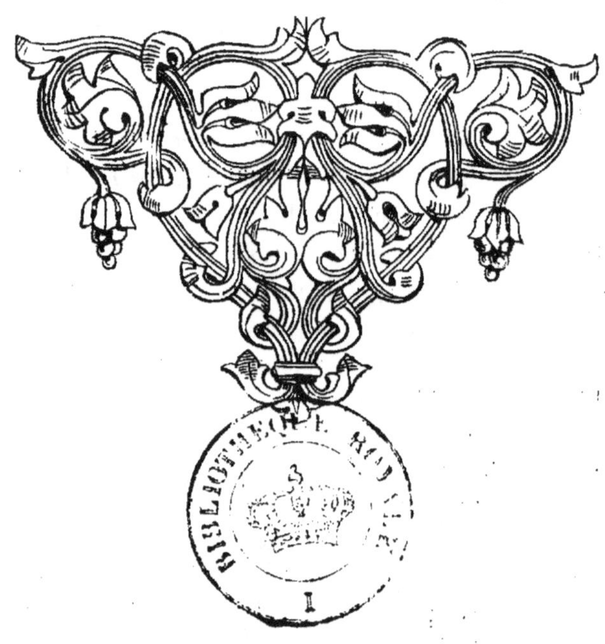

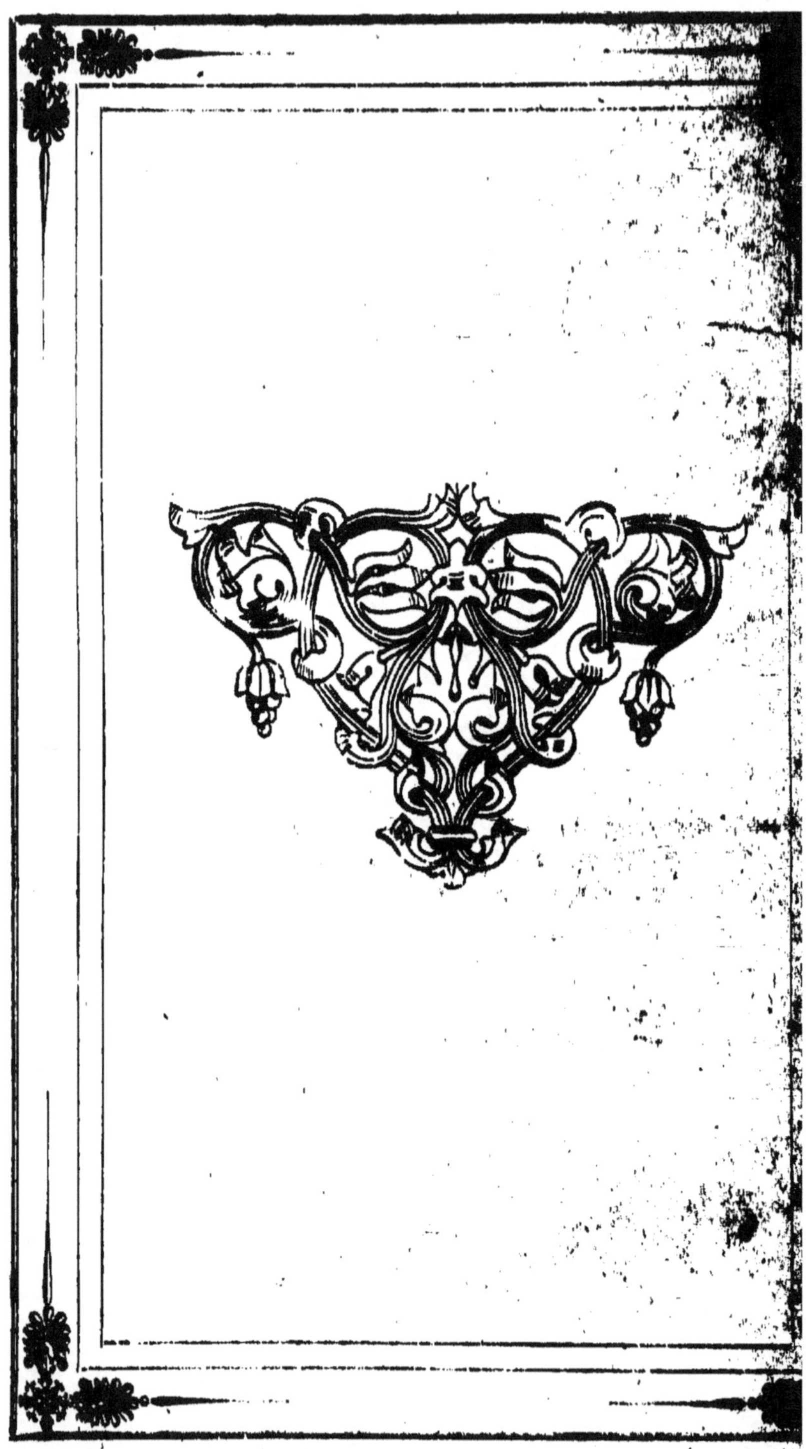